Else Müller · Mit dem Mondlicht um die Wette

Else Müller

Mit dem Mondlicht um die Wette

Phantastisches Laufen auf der Stelle

Kösel-Verlag München

ISBN 3-466-30441-5
© 1997 by Kösel-Verlag GmbH & Co., München
Printed in Germany. Alle Rechte vorbehalten
Druck und Bindung: Kösel, Kempten
Umschlag: Alice Meister, Frankfurt am Main

1 2 3 4 5 · 01 00 99 98 97

Gedruckt auf umweltfreundlich hergestelltem Werkdruckpapier
(säurefrei und chlorfrei gebleicht)

Inhaltsverzeichnis

Phantastisches Laufen auf der Stelle	7
Einstimmung	14
Geschichten	16
Wiese im Park	16
Erde stampfen	18
Laufen am Fluss	20
Bunter Luftballon	22
Am Strom	24
Berglauf	26
Serengeti	28
Vogelflug	31

Schlittenfahrt	33
Kirchturm	35
Drachensteigen	37
Kokosnüsse	39
Waldlauf	41
Im Mondlicht zu den Pyramiden	43
Schlossallee	46
Floß auf dem Amazonas	48
Windmühlen	50
Fahrradtour	52
Waldwiese	54
Ruderboot	56
Skilauf	58
Mit dem Mondlicht um die Wette	60
Weitere Veröffentlichungen von Else Müller	62

Phantastisches Laufen auf der Stelle

Vorbeugen ist besser als Heilen – dieser Grundsatz hat gerade innerhalb einer zeitgemäßen Gesundheitsvorsorge und -erhaltung einen hohen Stellenwert.

Gesundheit ist kein Geschenk, sondern ist unter anderem das Ergebnis einer bewussten Lebensführung. Dazu gehören der (tägliche) Stressabbau, ein anderer Umgang mit stressauslösenden Ursachen, den sogenannten Stressoren, ausreichende Bewegung, gesundheitsbewusste Ernährung sowie das Vermeiden von krankheitsfördernden und -auslösenden Gewohnheiten.

Gesundheit meint also nicht nur das Fehlen von Krankheit, sondern bedeutet innere Harmonie und Ausgeglichenheit, Vitalität und Lebensfreude. Dis-Stress (Dauerspannung = negativer Stress) ist eine der Hauptursachen psycho-vegetativer und psycho-somatischer Störungen und Erkrankungen, denn er kann das Immun- und Abwehrsystem des Menschen empfindlich stören. Dis-Stress ist meist selbstproduziert und damit kein unabwendbares Schicksal. Überhöhter Leistungsanspruch, (Selbst-)Überforderung, Konkurrenzprobleme, unterdrückte Gefühle und Bedürfnisse gehören zu den häufigsten Stressoren. Aber auch psycho-soziale Belastungen können zu Stress werden und zu überhöhtem Tonus (Spannung) im physischen und psychischen Bereich führen. Daraus resultieren vielschichtige Irritationen und Fehlsteuerungen des vegetativen Nervensystems.

Im Mondlicht zu den Pyramiden, ein methodischer Ansatz der Innovativen Psychohygiene, ist ein wirkungsvolles, ganzheitliches Gesundheitstraining, das in Prävention, Therapie und pädagogischem Alltag eingesetzt werden kann.

Diese Form der dynamischen Entspannung – *Phantastisches Laufen auf der Stelle* – lässt die (alltägliche) Übungszeit wie im Fluge vergehen. Die phantasievollen und phantasieanregenden Bilder der kurzen Geschichten bieten einen Reiz, so dass sogar »Bewegungsmuffel« Spaß an diesen Bewegungsmeditationen finden.

Alle Bewegungsmeditationen bieten:

Anspannung	+	Entspannung
Aktivität	+	Passivität
Dynamik	+	Konzentration
Bewegung	+	Ruhe

Dieses Training hat sich in Kindergarten und Schule wirkungsvoll bewährt, vor allem bei Kindern und Jugendlichen, die unter Bewegungsmangel leiden, die nervös, unruhig, aggressiv oder ängstlich sind. Die Geschichten helfen in kurzer Zeit Stress und erhöhte Spannung abzubauen, fördern die eigene Phantasie und regen Sinne und Gefühle an. Die Wirkung wird durch die eingebundenen Elemente

aus dem *Autogenen Training* – Ruhe-, Atem- und Herzübungen sowie Affirmationen – zusätzlich verstärkt.
Regelmäßig angewendet führt das Laufen auf der Stelle zu Affektabbau, umfassender Entspannung und Erholung. Nach dem Bewegungstraining bieten die entspannenden musikalischen Miniaturen zusätzliche Erholung oder Meditation.

Anspruch und Zielsetzung des Phantastischen Laufens:
− Bewegungsaktivierung und -ausgleich
− Anregung von Herz- und Kreislauf
− Vertiefung des Atems (erhöhte Sauerstoffaufnahme)
− Bessere Durchblutung (auch der Organe)
− Entspannung – Stressabbau – Tonussenkung
− Bessere Körperhaltung – sensiblere Körperwahrnehmung

- Stärkung der Konzentration (durch innere Fokussierung auf die Bilder der Geschichten)
- Vitalisierung
- Meditation

Therapeutische Phasen auf einen Blick:

1. Langsamer Beginn des Laufens
2. Bewegungs- und Temposteigerung (bis zur persönlichen Leistungsgrenze)
3. Langsamer Ausklang des Laufens
4. Wahlweise Verlängerung der Entspannung – sitzend oder liegend –, Meditation (mit Musik) oder Verlängerung der Übung durch Weiterlaufen in die nächste Geschichte hinein

Skizzierung des Übungsverlaufes

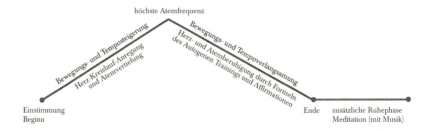

Tipps für den pädagogischen Alltag:

Wenn Sie mit den Bewegungsmeditationen beginnen möchten, lesen Sie sich zunächst die Geschichten einmal durch. Sie werden sehen, dass sie alle mit einem langsamen Einstieg beginnen, und allmählich werden Bewegung und Tempo bis zur persönlichen Leistungsgrenze gesteigert. Durch die Formeln des Autogenen Trainings werden Herz und Kreislauf angeregt, der Atem vertieft sich. Dann verlangsamt sich das Tempo wieder und jede Geschichte endet damit, dass die Übenden noch ein wenig weiterträumen, entspannen oder meditieren können.

Beim Lesen wird Ihnen auffallen, dass sich Syntax und Sprachmelodie an manchen Stellen von gewohnten Texten unterscheiden. Da die Geschichten vor allem gesprochen werden, ist diese Eigenheit Absicht. (Zum pädagogisch-therapeutischen Gesamtkonzept gehört auch eine MC oder CD. Näheres dazu auf S. 64.)

Wenn Sie das *Phantastische Laufen auf der Stelle* vor, während oder nach dem Unterricht, vor einer Klassenarbeit oder Prüfung machen, werden die Konzentration sowie die Lernbereitschaft und Lernfähigkeit Ihrer Schüler zunehmen. Ihr Nervensystem ist entlastet, ihre Muskulatur ist entspannter und besser durchblutet und ihr gesamter Organismus ist besser mit Sauerstoff versorgt. Aggressionen und angestaute Affekte lösen sich. Sie werden sehen: eine kleine Übung, aber eine große Wirkung. Ich wünsche Ihnen viel Spaß!

Einstimmung

Du stehst aufrecht und gerade da.
Du fühlst festen Boden unter deinen Füßen.
Lass deinen Atem los und alle Spannung von dir abfließen, in die Erde hinein, wie warmes Wasser von deiner Haut.
Die Arme sind entspannt angewinkelt, wie zu einem Lauftraining.
Folge nun zwanglos den Geschichten und deiner Phantasie.
Du beginnst mit einem ruhigen Lauftempo.
Du steigerst es nach Lust und Laune und läufst so schnell, wie es dir bekommt.
Danach läufst du wieder ruhiger und lässt das Laufen auf der Stelle langsam ausklingen.

Du kannst dich jetzt noch hinsetzen oder hinlegen und den entspannenden musikalischen Miniaturen lauschen.
Atme am Schluss noch einmal tief durch, recke und strecke dich.
Genieße die Entspannung und das vitale, pulsierende Körpergefühl.

Ein Hinweis für den Umgang mit den Geschichten: Der Text zur Steigerung des Lauftempos, der Herz-Kreislauf- und Atem-Anregung ist durch die **fett** hervorgehobene Schrift gekennzeichnet.

Wiese im Park

Du bist in deiner Phantasie in einem großen Park. Inmitten der hohen Bäume und blühenden Büsche liegt eine Wiese – wie eine grüne Oase.
Ihr dichtes Gras ist sommerwarm.
Du läufst nun über die Wiese und fühlst unter deinen Füßen das Gras.

Du läufst nun über die Wiese und fühlst unter deinen Füßen das Gras.
Ein kleiner Hund rennt neben dir. Er läuft mit dir um die Wette.
Du läufst schneller, immer schneller und schneller über die Wiese.
Der kleine Hund bleibt hinter dir zurück.

Am Ende der Wiese steht eine Bank im Schatten eines Baumes.
Du ruhst dich aus, siehst die bunten Blumen, die blühenden Bäume und Büsche.
Dir ist wohlig warm.
Dein Atem wird ruhig – ruhig und gleichmäßig geschieht dein Atem.
Du genießt die Ruhe und träumst ein wenig weiter.

Erde stampfen

Du stehst auf einem Feld. Die Erde ist frisch gepflügt. Es ist ein schöner Sommertag. Die Sonne wärmt angenehm.
Über das Feld weht ein leichter Wind, du fühlst, wie er sanft über deine Stirn streicht.

Du hilfst die lockere Erde festzustampfen.
Kräftig stampfst du mit beiden Füßen die Erde.
Ein kräftiger Erdgeruch steigt in die Nase.
Es macht Spaß, so kräftig aufzustampfen, so,
als würden alle Spannung, aller Ärger und auch alle Sorgen in die Erde dringen.
Immer fest und auch schneller stampfst du wie ein Kind, das voller Freude oder Wut auf die Erde stampft.

Nach einer Weile trittst du wieder langsam auf der Stelle
und läufst ruhig vor dich hin.
Dein Atem und dein Herzschlag werden ruhig.
Wann immer du Lust hast, bleibst du ruhig stehen,
fühlst dein Herz und deinen Atem.
Du bist ruhig, gelöst und ganz entspannt.

Laufen am Fluss

Du bist an einem Fluss in einer schönen Landschaft und läufst auf weichem Sandboden den Fluss entlang.
Hohe Bäume säumen den Weg, Vögel singen im Geäst.
Enten und Wasserhühner tummeln sich im Schilf.
Du siehst dem Lauf des Wassers zu.
Du siehst so viel, riechst das Laub, den Fluss,
hörst den Wind und das Rauschen der Blätter.

Es macht dir Spaß, am Fluss zu laufen.
Schneller und schneller wird dein Lauf.
Immer schneller und schneller rennst du am Fluss entlang.
Das Rennen tut dir gut. Du fühlst dein Herz kräftig schlagen.

**Du rennst schneller, als der Fluss dort fließt.
Die Luft ist frisch und klar.**

Dein Lauf wird langsamer und du läufst
gemächlich weiter.
Du genießt die Landschaft und den Fluss,
den blauen Himmel und die Sonne.
Nach einer Weile ruhst du dich aus.
Du sitzt oder liegst im weichen Gras und fühlst deinen
Atem ruhig werden.
Ruhig und gleichmäßig geschieht dein Atem.
Dein Herz schlägt wieder ruhig.
Du genießt die Ruhe und fühlst dich wohl.

Bunter Luftballon

In der Stadt gastiert ein Zirkus und nebenan ein Jahrmarkt mit vielen bunten Buden und Karussells.
Das bunte Treiben lockt Kind und Kegel, sich ins Vergnügen zu stürzen.
Ein großer Strauß Luftballons lockt Jung und Alt.
Du wählst dir einen aus, dessen Farbe dir gut gefällt.

Du hältst ihn in deiner Hand. Der Wind treibt dich voran.
Der bunte Luftballon zieht dich weiter,
immer schneller musst du laufen und bald auch rennen.
Es ist, als habe der Ballon eine eigene Macht,
die märchenhaft dich treibt.
Und plötzlich hebst du von der Erde ab.

**Schneller wird der Flug, immer schneller,
als müsstet ihr noch heute die ganze Welt umkreisen.**

Du schaust zur Erde, die nun klein und kleiner unter dir liegt.
Du siehst die Städte, die Dörfer, Flüsse und Wälder, winzig wie im Bilderbuch.
Vorbei an dicken Wolken geht die Reise mit dem Luftballon.
Durch manche fliegst du hindurch. Weich wie Watte fühlen sie sich an.
Weiter geht die Reise, immer weiter.
Der Mond begrüßt dich und auch die Sterne. Neugierig verfolgen sie deinen Flug mit dem bunten Luftballon.
Dein Ziel, wo immer es sich befindet, suchst du dir aus, nur du allein.
Dort angelangt erwartet Ruhe dich und Frieden.
Ein ruhiges Herz und sanfter Atem sind der Lohn.
Du träumst dir deinen Traum noch ein wenig weiter.

Am Strom

Der Strom fließt mitten durch die große Stadt.
Du läufst auf dem breiten Weg, der dem Flusse folgt.
Es läuft sich gut auf dem sandigen Weg.
Schwäne gleiten stolz dahin und Enten tauchen in das Wasser,
Kinder in bunten Tretbooten fahren fröhlich über den Fluss.
Die Häuser der Stadt und die hohen Türme spiegeln sich im Wasser.
Schiffe aus aller Herren Länder fahren ihrem Ziele entgegen.
Du läufst dort stillvergnügt.
Auf einmal taucht an deiner Seite ein Schiff auf.

Es fährt schnell, das Wasser rauscht und schäumt am Bug.
Es will an dir vorbei, doch du hast Lust zu rennen.
Schnell läufst du dem Schiff davon.
Immer schneller rennst du auf deinem Weg.
Du rennst so schnell, dass das Schiff bald weit hinter dir liegt.
Du fühlst, wie kräftig dein Atem geht und wie dein Herz schlägt.

Nach einer Weile ruhst du dich von dem schnellen Lauf aus.
Du findest eine Bank, dort kannst du ruhen.
Es gibt so manches dort zu sehen auf diesem Fluss, der träge seinem Ziel entgegenfließt.
Die Sonne wärmt dich aufs Angenehmste. Du fühlst dich wohl.
Dein Atem ist nun ruhig, dein Herz schlägt ruhig und gleichmäßig,
sicher wie eine Schweizer Uhr.

Berglauf

Du bist im Gebirge. Vor deinen Augen tauchen hohe, mächtige Berge auf.
Einen der Berge willst du bezwingen. Mit kräftigen Schritten geht es bergauf.
Der Weg windet sich höher und höher.
Durch einen dichten Wald geht der Weg. Doch bald schon liegt der Wald hinter dir,
nur wenige Bäume sind hier noch zu sehen.
Große Steine auf karger Erde liegen dort, als hätten Riesen sie hier einst verloren.

Du musst dich mühen auf diesem steilen Weg.
Die Luft ist frisch und klar und dringt tief in deine Lungen.

Es riecht nach Latschenkiefern, vielleicht auch schon nach Schnee.
Kräftig setzt du Schritt vor Schritt.
Du fühlst dein Herz, wie es kräftig schlägt.

Bald hast du den Gipfel erreicht. Der Blick ist wunderschön und unbegrenzt. Himmel und Erde verschmelzen am Horizont.
Oben angekommen ruhst du dich aus, genießt die Stille hier und auch die Ruhe tief in dir.
Dein Atem ist ruhig und auch dein Herz.
Am Himmel fliegt ein großer Vogel. Ruhig zieht er seine Kreise.
Er scheint zu schweben in der Luft, vom Wind getragen, ganz ohne Erdenschwere.
Vielleicht bist du wie der Vogel, leicht und frei, und fliegst in das Land deiner Träume.
Du bist gelöst, entspannt und fühlst dich wohl.

Serengeti

Du bist in deiner Phantasie sehr weit gereist,
bist in der Serengeti, tief im schwarzen Kontinent, in Afrika.
Die Tiere leben hier beschützt, geschützt, fast paradiesisch noch.
Am Horizont taucht ein hoher, schneebedeckter Berg auf, der Kilimandscharo,
du kennst ihn schon von vielen Bildern.
Du gehst auf eine Safari, mit offenen Augen und dem Fotoapparat.
Ein Wildhüter begleitet dich zu einem Elefanten, der im Gehege auf dich wartet, mit Zaumzeug und bequemem Sattel.
Hoch oben sitzt du, sicher und ganz entspannt.
Der Blick ist weit, fast unbegrenzt.

Auf ein Signal rennt das Tier dann los. Schneller wird sein Lauf.
Der Elefant rennt über das dürre Gras, über die Steppe, auf der nur wenig Bäume stehen.
Schneller rennt der Elefant, seine großen Ohren flattern im Wind,
der auch über deine Nase weht.
Du sitzt ganz sicher in dem Sattel, der fast wie ein Sessel ist.
Vögel begleiten dich, hoch oben, im hellen Blau.
Die anderen Tiere scheint es nicht zu stören, dass du auf dem Elefanten durch die Serengeti rennst. Immer schneller.
Der Schrei des Elefanten, einer großen Trompete gleich, hallt über die Steppe wie ein Fanal.
Nun rennen alle Tiere um die Wette, mit großen Sprüngen und voll Vergnügen.

Bald ist der Ritt zu Ende. Du ruhst dich aus im warmen Steppengras,
geschützt und umsorgt im Lager, wo man dir süßen Tee reicht und ein Lächeln schenkt.

Vogelflug

Der Sommer ist vorüber.
Die Vögel versammeln sich auf vielen Bäumen. Sie bereiten ihren Aufbruch vor. Ganze Vogelschwärme brechen auf zum großen Flug in andere Länder und Kontinente. Ihr Schreien klingt wie ein Abschiedslied.
Wie auf ein Kommando fliegen sie auf, das Rauschen ihrer Flügel erfüllt die Luft.

Du bist in deiner Phantasie ein Vogel.
Ein Vogel aus dem Schwarm der anderen,
bereit zum großen Flug, zur weiten Reise.
Du fühlst den Wind, der dich hoch in die Luft hebt,
dem Himmel zu, in dessen Hell du bald versinkst.
Du fliegst mit den anderen, mit dem Wind um die
Wette.

**Immer schneller wird der Flug.
Die Flügel schlagen schnell und schneller, auf und ab.**

Das Land weit unten ist winzig klein geworden.
Nur der Himmel über dir ist unendlich, weit und fern.
Du träumst dir ein Ziel, wohin die Reise geht.
Bist du an deinem Ziel, dann ruhe dich aus.
Eine große Ruhe breitet sich aus.
Dein Herz wird ruhig und auch dein Atem geschieht, es atmet dich.

Schlittenfahrt

Es ist ein schöner Wintertag.
Der blaue Himmel und die Sonne locken dich zum Schlittenfahren.
Der Schnee glitzert wie tausend Diamanten.
Du ziehst deinen Schlitten hinter dir her,
die lange Schnur in deinen Händen.
Langsam und stetig geht es den Berg hinauf.
Die frische, klare Winterluft zieht tief in die Lunge ein.
Der Bergweg wird steiler und steiler.

Kräftig musst du den Schlitten nun durch den tiefen Schnee ziehen.
Dir ist warm, ganz wohlig warm.

**Du fühlst dein Herz kräftig schlagen.
Ein letzter Anstieg noch, dann ist es geschafft.**

Hoch oben auf dem Berg wirst du mit einem Blick belohnt, der weit ins Land reicht, bis zum Horizont, der sich im Dunst verliert.
Das Land ist in Schnee gehüllt, wie eine weiße Decke liegt er schützend über allem.
Jetzt folgt der Lohn zu all den Mühen.
Auf deinem Schlitten geht es in sanften Kurven sicher zurück ins Tal.
Du genießt die Fahrt und den Wind, der zischelnd um dich streift.
Du siehst so manches hier und da.
Am Ziel genießt du die sanfte Wintersonne
und träumst so vor dich hin.

Kirchturm

Inmitten der alten Stadt steht eine Kirche. Sie hat die Zeiten wie ein Bollwerk unbeschadet überlebt.
Ihr Turm scheint an die Wolken anzustoßen, so hoch ragt er hinaus. Ganz oben hängt die Glocke, deren Klang du zur Mittagsstunde hörst. Du willst auf diesen Turm steigen, die Glocke sehen, ihren Klang vielleicht auch fühlen und den Blick über die mittelalterliche Stadt genießen.

Die Treppe hat hohe Stufen aus Stein, die es nun zu steigen heißt.
Du steigst höher und höher, immer weiter auf den hohen Stufen,
die wohl für die Beine eines Riesen gedacht sind.
Immer höher windet sich die Treppe, die Beine werden müde.

Die Zeit verfliegt und noch ist kein Ende in Sicht.
Dunkel ist es im Turm und eng. Die Treppe wird immer schmaler.
Doch irgendwann ist es geschafft.

Du stehst auf der kleinen Balustrade, die sich um den Kirchturm schlingt. Sie ist aus Stein sehr fein gemeißelt und zeugt von hoher Handwerkskunst.
Der Wind rauscht hier oben und die Luft ist frisch und klar.
Die alte Stadt liegt wie gemalt auf alten Plänen da unten mit ihren weiten Plätzen, schönen Brunnen und dem alten Schloß.
Am Horizont schimmern schneebedeckte Berge.
Die Glocke, sie glänzt, als wäre sie aus purem Gold.
Dein Atem hat sich beruhigt, ruhig fließt er ein und aus.
Dein Herz schlägt wie im Takt, gleichmäßig und ganz ruhig.
Du genießt die Ruhe hier oben auf dem Kirchturm, hoch über der alten Stadt.

Drachensteigen

Du stehst auf einer großen Wiese und hast eine schöne weite Sicht.
Es ist Herbst und das Laub der Bäume färbt sich bunt.
Die Zeit des Drachensteigens ist nun gekommen.
Ein großer Spaß, nicht nur für Kinder.
Viele bunte Drachen segeln lautlos in der klaren Luft.
Du hast einen Drachen in deiner Hand.
Er hat so schöne Farben und eine schöne Form.

Du läufst und rennst, damit er steigen kann.
Höher und höher steigt er dem Himmel entgegen.
Du rennst mit ihm um die Wette.
Immer schneller wird dein Lauf. Du rennst so schnell,
dass dir das Herz recht kräftig klopft.

Der Drachen steigt höher und höher, und der Wind nimmt ihn mit auf seiner Reise.

Du siehst ihm zu, sitzt oder liegst im warmen Gras der Wiese.
Dein Herz und Atem werden ruhig.
Du verfolgst in deiner Phantasie die Reise deines Drachens.
Du bist ruhig, gelöst und ganz entspannt
und träumst dir sein Ziel.

Kokosnüsse

Du bist in deiner Phantasie auf eine Insel geflogen.
Sie liegt im blauen Meer des Südens.
Ein Strand aus feinstem, hellen Sand umschließt die Insel
wie eine Perlenschnur.
Das Grün der Bäume, das Bunt der Blumen,
alles ist kunstvoll geordnet,
wie von der Hand eines Malers.
Hohe Bäume stehen wie Säulen im Sand, Kokospalmen, voll
reifer Früchte.
Sie liegen zuhauf im Sand und warten, in die vielen Körbe
gesammelt zu werden, die im Sand stehen.

Du hilfst den anderen, die Früchte, von braunem Bast umhüllt, einzusammeln.

**Du nimmst eine schwere Nuß nach der anderen,
bückst dich wieder, immer wieder.
So geht es weiter, immer weiter.
Bücken, heben, strecken, werfen.
Langsam füllt sich der Korb.**

Nach langer Zeit, so will's dir scheinen, sind die Körbe voll.
Du sinkst erleichtert in den warmen Sand.
Dein Atem geschieht nun ruhig. Ruhig fließt er ein und aus.
Dein Herz schlägt ruhig und gleichmäßig.
Du fühlst den Puls und wie das Blut in den Adern fließt.
Du genießt die Ruhe und die Stille.
Die Sinne haben Feiertag.
Die Insel mit ihren Farben, Gerüchen und Geräuschen, sie ist betörend schön.

Waldlauf

Du läufst auf weichem Sandboden vergnügt durch einen Wald.
Unter dichten Baumkronen, die sich im Winde wiegen, läufst du weiter,
immer weiter.
Mancher Sonnenstrahl fällt wie ein Muster auf den hellen Weg.
Die Vögel singen ihre Geschichten aus dem Wald.
Die Äste rauschen im Takt vergnügt dazu.

> **Langsam führt der Weg steil bergauf.**
> **Du musst kräftig laufen und dich bewegen.**
> **Immer höher geht der Weg, und immer steiler wird er nun.**

**Du fühlst dein Herz, wie es kräftig schlägt.
Bald erreichst du eine Waldlichtung.**

Das dichte Gras wirkt wie ein grüner Teppich, weich und zart.
Du läufst durch dieses dichte Gras, durchs Grün der Wiese.
Das Grün tut dem Auge gut und beruhigt Geist und Seele.
Bald ruhst du aus, von all dem Steigen und dem Laufen.
Dein Atem wird ruhig und auch dein Herz schlägt nun ruhig.
Du genießt die Stille und die Schönheit des Waldes mit allen Sinnen.

Atemgymnastik und Meditation. Übungen zum Abbau von Aggressionen, Wut und Spannung für Kinder und Jugendliche, Rowohlt-Tachenbuch, Reinbek 1984

Inseln der Ruhe. Ein neuer Weg zum Autogenen Training, Kösel, München, 4. Auflage 1996

dazu: Tonkassette, Kösel, München 1994

Der Klang der Bilder. Phantasiereisen mit Klangschalen. Kösel, München 1996

dazu: Tonkassette und CD, Kösel, München 1996

Die kleine Wolke. Autogenes Training mit Märchen und Gute-Nacht-Geschichten. Tonkassette, Kösel, München 1994

Oasen im Alltag. Jahreszeiten-Meditationen. Tonkassette und CD, Verlag Hermann Bauer, Freiburg 1995

Träumen auf der Mondschaukel. Autogenes Training mit Märchen und Gute-Nacht-Geschichten, Kösel, München, 10. Auflage 1997

dazu: Tonkassette, Kösel, München 1994

Wege in der Wintersonne. Autogenes Training in Reiseimpressionen, Fischer-Taschenbuch, Frankfurt am Main 1993

Die Tonträger zum Buch

Alle Geschichten dieses Buches sind sowohl auf MC wie CD enthalten. Sie werden von der Autorin gesprochen, die musikalischen Miniaturen stammen von Helmer Sauer, Holger Wunn und Mathias Schindehütte. MC und CD haben eine Laufzeit von je 70 Minuten.

Die Geschichten im Buch eignen sich zum Vorlesen des Lauftrainings in Kindergarten, Schule, Familie, Fortbildungsseminaren etc., die Tonträger sind besonders geeignet für das Selberüben oder als Anregung für den Unterricht.

MC
Titel-Nr. 3-466-45691-6

CD
Titel-Nr. 3-466-45692-4

Im Mondlicht zu den Pyramiden

Durch die Riesenstadt Kairo fließt behäbig der Nil.
Von seinem Ufer siehst du die ganze Stadt, die voll von Lärm und Leben ist.
Vom Ufer aus führt die große Straße hinaus zu den Pyramiden.
Bald wird die staubige Straße zur grünen Allee. Du läufst im Schatten der hohen, schlanken Eukalyptusbäume, deren Blätter köstlich duften.

> **Du läufst die lange Allee, immer weiter noch stadtauswärts, immer weiter.**
> **Schneller und schneller läufst du und rennst dann immer weiter**
> **den Pyramiden und der Wüste zu.**

Der Mond ist aufgegangen. Im Mondlicht läufst du zu den Pyramiden.
Wie riesige Dreiecke ragen sie von weitem vor dir auf.
Langsam kommen sie dir näher. Du bist nun bei ihnen angekommen.
Winzig klein kommst du dir vor, wenn du vor diesen geordneten Steinbergen stehst.

Du läufst um sie herum, steigst vielleicht die großen Steine ganz hinauf.
Du musst hoch steigen, dein Herz schlägt kräftig.
Du fühlst auch deinen Atem, wie er kommt und geht.

Auf der Spitze angelangt siehst du auf einer Seite die Lichter der großen Stadt, auf der anderen schimmert feiner Wüstensand im Mondlicht.
Wieder unten angekommen wird dein Atem ruhig und auch dein Herz,
es klopft nicht mehr und schlägt ganz ruhig.

Du fühlst den weichen Sand der Wüste unter deinen Sohlen.
Er ist noch warm vom Tagessonnenlicht.
Du sitzt im warmen Sand, siehst die Pyramiden, die Sphinx und ihre Schatten vor dir liegen, du träumst vom Land der Pharaonen, im Mondlicht bei den Pyramiden.

Schlossallee

Eine Allee mit alten Linden säumt den Weg zum Schloss hinauf.
Du läufst vergnügt unter den Bäumen, deren Blüten einen betörenden Duft verströmen.
Du hörst das Summen vieler Bienen.
Tief ziehst du den Duft der Lindenblüten in dich hinein.

Du läufst nun schneller, immer schneller und steigerst dein Tempo.
Du hast Lust zu rennen. Immer schneller läufst du durch die Lindenallee,
die wie ein grüner Saal des Schlosses scheint.
Nach schnellem Lauf ist das Schloss bald erreicht.
Die Turmuhr schlägt die volle Stunde.
Der Turm lockt dich, ihn zu besteigen.

**Du steigst die vielen hohen Treppen hoch.
Dein Herz klopft kräftig vom Steigen, von der Mühe,
die die vielen hohen Stufen machen.
Du steigt die vielen Treppen hoch,
die sich immer weiter nach oben winden.**

Oben angekommen wirst du belohnt von all der Mühe.
Die Sicht geht weit über das ganze Land.
Unten liegt das Schloss wie aus einem Bilderbuch.
Du genießt die Ruhe, nur ein leichtes Rauschen des Windes ist zu hören.
Du freust dich über die Weite des Blickes und fühlst diese Weite auch in dir.
Dein Herz schlägt ruhig, dein Atem geschieht, ganz ruhig und gelöst.

Floß auf dem Amazonas

Der breite Urwaldstrom fließt ruhig, fast behäbig durch all das dichte Grün.
Du bist auf einem Floß, sicher und geborgen.
Es treibt dahin, ohne Hast und Eile.
Der Dschungel reicht bis ans Ufer. Die Sinne nehmen vieles wahr.
Du siehst, hörst und riechst das Fremde und Exotische.

Die Fahrt wird schneller, immer schneller.
Ohne Angst treibst du dahin.
Stromschnellen verändern nun das Bild.
Das Wasser schäumt und brüllt,
doch das Boot gleitet sicher
durch alles hindurch.

Der Fluss hat sich beruhigt. Ruhig und behäbig
fließt er wieder
zwischen dem Grün der Ufer hindurch.
Auf den Holzplanken des Floßes liegst du ganz sicher.
Du riechst das von der Sonne gewärmte Holz.
Plötzlich siehst du etwas Blaues schimmern.
Es ist ein Kolibri,
der seine winzigen Flügel heftig schwingt.
Ruhig und gelöst genießt du die Fahrt auf dem Urwaldstrom.
Bilder aus einer anderen Welt ziehen vorüber.
Du genießt das Neue, die Schönheit, die Ruhe und die Wärme
und träumst dir den Traum ein wenig weiter.

Windmühlen

Du läufst in einer Landschaft, in der die schönsten Windmühlen stehen.
Die riesigen weißen Leinensegel blähen sich im Wind.
Er treibt die Flügel ruhig voran. Wie riesige Arme kreisen sie durch die Luft. Ein feiner Singsang begleitet sie.
Immer weiter drehen sie sich, immer weiter.

Wie deine Arme, lass sie ruhig kreisen.
Wie vom Wind getrieben drehen sie sich in großen Bögen immer schneller.
Deine Arme kreisen wie die Flügel der Windmühle, weiter und weiter.
Du riechst den Wind, die von der Sonne erwärmte Luft und vielleicht das Meer,
das in weiter Ferne liegt.

Das Blut pulsiert durch die Adern. Das Herz schlägt kräftig,
der Atem wird tief.

Der Wind lässt nach und deine Arme kreisen langsamer und auch dein Herz und Atem werden ruhig.
Nach einer Weile ruhst du aus.
Entspannt, gelöst und ruhig genießt du die Sonne,
den Wind, die klare Luft und träumst ein wenig weiter.

Fahrradtour

Du fährst mit deinem Fahrrad inmitten einer friedlich-schönen Landschaft an einem Flüsschen entlang.
Der Weg ist eben und es fährt sich leicht.
Du nimmst dir Zeit und auch die Muße, alles zu genießen.
Alle Sinne sind auf feinen Empfang gestellt.
Du siehst, hörst und riechst die Natur,
fühlst den Wind auf deiner Stirn, auf deiner Haut.

> **Dir macht es Spaß, nun schneller zu fahren.**
> **Immer kräftiger und schneller trittst du in die Pedale.**
> **Du strampelst kräftig und fühlst, wie dein Körper ganz lebendig wird.**
> **Du fliegst dahin, mit dem Wind nun um die Wette.**
> **Du fühlst ihn kühl auf deiner Stirn.**

Nach einer Weile fährst du wieder ganz gemächlich.
Dein Atem wird ruhig und auch dein Herz.
Du fährst an diesem Flüsschen, solange es dir Spaß macht, und suchst dir irgendwann einen Ort zum Rasten und Ruhen.
Entspannt, gelöst und ruhig genießt du deine Pause.

Waldwiese

Du stehst auf einer weiten, schönen Wiese inmitten eines Waldes.
Warm und weich spürst du das Gras unter deinen Füßen.
Du läufst kreuz und quer über die Wiese, von einem Ende zum andern.

Du läufst mit schnellen Schritten um sie herum.
Plötzlich springt ein Reh aus dichten Büschen.
Es rennt mit hohen Sprüngen über die weite Wiese, flink und schnell.
Du rennst mit ihm so schnell du kannst, läufst mit dem Reh um die Wette.
Du siehst sein glattes Fell, die großen Augen.
Dir fallen Märchen ein von verzauberten Rehen,

**von Brüderlein und Schwesterlein.
Nach einer Weile endet dieses schöne Spiel.**

Du ruhst dich aus, genießt den Wald mit seinem geheimen Leben,
die frische Luft, die Sonne und ihre Wärme.

Ruderboot

Du sitzt sicher in einem Ruderboot.
Gleichmäßig tauchen die Ruder ins Wasser, immer wieder.
Die Wassertropfen fallen glitzernd vom Ruder wieder zurück ins Nass.
So treibt das Boot in ruhiger Fahrt voran.
Auf dem Fluss gibt es viel zu sehen.
Ein leichter Wind weht über deine Stirn.

> **Du hast Lust, nun immer schneller zu fahren.**
> **Kräftig tauchen die Ruder ins Wasser.**
> **Schneller, immer schneller bewegst du die Ruder.**
> **Das Boot saust sicher im Wasser, das Ufer fliegt förmlich vorbei.**

**Die Flusslandschaft bietet immer wieder neue Bilder, Geräusche und auch Düfte.
Du steigerst das Tempo und ruderst schnell und kräftig.**

Bald gleitet das Boot wieder langsam durchs glitzernde Wasser.
Ruhig sind die Ruder und Bewegungen geworden.
Irgendwann und irgendwo suchst du dir einen Platz zum Ruhen und Genießen.
Dein Herz schlägt nun ruhig und auch dein Atem geschieht ganz sacht.
Der Atem geschieht – es atmet dich.
Du träumst ein wenig weiter.

Skilauf

Der Winter hat begonnen, ist eingezogen mit Schnee und heller Sonne.
Eine dichte Decke aus weichem Schnee liegt auf dem Land und lädt zum Skilauf ein.
Warm verpackt freust du dich auf deinen Lauf durch all das Weiß.
Stetig gleitest du durch den Schnee und bahnst dir manchen neuen Weg.
Ein wunderschönes Wintermärchenland erfreut dein Auge und dein Herz.

Du genießt den Skilauf in der klaren, frischen Winterluft.
Nach einer Weile steigerst du dein Tempo,

immer schneller wird dein Lauf.
Dir wird wohlig warm und dein Gemüt wird heiter.

Nach einer Weile läufst du wieder ganz gemächlich deinem Ziel entgegen.
Einem Ziel, das du dir erträumst.
Dein Atem ist ganz ruhig, er geschieht ganz ohne Mühe.
Dein Herz schlägt ruhig und gleichmäßig.
Du spürst, wie dein Blut kräftig durch die Adern pulsiert.
Du fühlst dich wohl und ganz entspannt.

Mit dem Mondlicht um die Wette

Es ist Abend. Du stehst am Fuße eines Berges.
Der Himmel wölbt sich über dir wie dunkelblauer Samt.
Die ersten Sterne funkeln und schimmern im Blau.
Oben, über der Spitze des Berges, scheint der Mond in silbernem Licht.
Du läufst auf einem hellen, sandigen Weg.

Immer weiter geht der Weg, immer höher und höher windet er sich hinauf.

Du läufst höher und höher, fühlst dein Herz nun kräftig schlagen.

Dein Atem wird immer tiefer, er durchströmt den ganzen Leib.

Über deinem Weg scheint das Mondlicht ganz zauberhaft.

**Du läufst weiter und es ist, als würde das Mondlicht mit dir ziehen.
Schneller läufst du, immer schneller, mit dem Mondlicht um die Wette.**

Bald bist du auf dem Berggipfel angelangt. Das Mondlicht scheint nun still zu stehen.
Du ruhst dich aus, fühlst, wie Herz und Atem ruhig werden.
Langsam beginnt der Abstieg. Gemächlich läufst du durch die mondhelle Nacht. Immer weiter und weiter, deinem Zuhause entgegen.

Weitere Veröffentlichungen von Else Müller

Auf der Silberlichtstraße des Mondes. Autogenes Training mit Märchen zum Entspannen und Träumen, Fischer-Taschenbuch, Frankfurt am Main, 14. Auflage 1996
dazu: Tonkassette und CD, Kösel, München 1995
Bewusster leben durch Autogenes Training und richtiges Atmen. Übungsanleitungen zu Autogenem Training, Atemtraining und meditative Übungen durch gelenkte Phantasien, Rowohlt-Taschenbuch, Reinbek 1983
Du fühlst die Wunder nur in dir. Autogenes Training und Meditation in Alltagsbetrachtungen, Aphorismen und Haikus, Fischer-Taschenbuch, Frankfurt am Main, 2. Auflage 1993
Du spürst unter deinen Füßen das Gras. Autogenes Training in Phantasie- und Märchenreisen. Vorlesegeschichten, Fischer-Taschenbuch, Frankfurt am Main, 17. Auflage, 1996
dazu: Tonkassette und CD, Kösel, München 1995
Hilfe gegen Schulstreß. Übungsanleitungen zu Autogenem Training,